# 그림자 유적

장진숙 시집

시인의 말

너무 오래 잊고 지냈다.
죽은 나무에 물 주기 같은 자괴감이
스멀스멀 파고드는 봄.
고목에 새순 돋기를 기다리는 일은
적막하고 쓸쓸하다.

2024년 5월

장진숙

차 례

● 시인의 말


제1부

재잘재잘 ──── 10
아침 ──── 11
알전구에 환하게 불이 켜지듯 ──── 12
월광 소나타 ──── 14
시리게 ──── 15
숨 ──── 16
봄봄 ──── 17
술친구 ──── 18
문신 ──── 19
명상에 들다 ──── 20
원평리에서 ──── 21
한 아름 웃음보따리가 ──── 22
비 갠 아침 ──── 23
에필로그 ──── 24

## 제2부

한 사날 —— 26
한강 둔치에서 —— 27
학암포에서 —— 28
풍경 1 —— 29
소금꽃 —— 30
무서운 속도 —— 32
내 생의 번지점프 —— 33
희 노 애 락의 주기 —— 34
가끔 —— 36
달빛 —— 37
詩들詩들 —— 38
그 빗살무늬 나이테 —— 40
일곱 살 적 —— 42
죽단화 —— 44
정읍, 그 환하고 흐벅진 —— 45
마흔다섯 살 쌀통과의 이별 —— 46
정읍에서 —— 48
진안을 지나다가 —— 50

제3부

무지개 ──── 52

용기 ──── 53

울먹울먹 ──── 54

시대의 자화상 ──── 56

바리데기의 노래 ──── 58

회오리바람 속에서 ──── 61

환하고 고요하게 ──── 62

강변의 흑백사진 ──── 64

풍경 2 ──── 65

울음보 내력 ──── 66

낮달 ──── 68

잊혀진 우물 ──── 70

산책길에서 ──── 72

사라진 어머니 ──── 74

불성사에서 ──── 76

겨울밤 ──── 78

不在 ──── 79

심란한 근심 ──── 80

달그림자 ──── 82
눈 내리는 밤 ──── 83

제4부

복숭아를 먹다가 ──── 86
장마 일기 ──── 88
자작나무수도원 ──── 90
유월, 그 예언의 천둥 번개는 ──── 92
달달하고 고소한 ──── 94
나의 유서 ──── 96
귀머거리 집 ──── 98
귀뚜라미 집 ──── 100
그 여자, 김점선 ──── 102
고요한 해탈 ──── 103
고백 ──── 104
수목한계선 ──── 106
지난밤 꿈에 ──── 107
작센 스위스에서 ──── 108
우수리스크에서 ──── 109

저물녘 ──────── 110
무릉원에서 ──────── 112

▨ 장진숙의 시세계 | 임지훈 ──────── 113

제1부

## 재잘재잘

산책에서 돌아오는 길에
한 무리 봄까치꽃을 보았다
환호하며 감탄하며 허리 구부려 앉아
자디잔 꽃송이들을 들여다보는데
마음속 황량한 비탈에도
잔잔한 야생화들이 덩달아
재잘재잘 피어난다

# 아침

갈참나무숲에서
푸르스름한 여명이
빗자루를 들고 온다

암흑을 이겨낸 가쁜 숨결로
발그레 물감 푼 꼭두서니 불러
잎사귀 상처 환하게 씻어 준다
가시덩굴 번민도 살갑게 빗어준다

시고 떫은 연두와 초록 노릇노릇 영글라고
덜 여문 낟알들 달게 익으라고
그분이 데려온 눈 부신 햇살이
마당을 쓸고 있다

# 알전구에 환하게 불이 켜지듯

산책길에 왜 어릴 적 저녁 밥상이
분주한 어머니 발그레 상기된 모습이
불현듯 떠올랐을까.
들기름에 꽃소금 솔솔 뿌려 구운
윤기 나는 김 한 장씩 나누어주던 어머니
둘둘 걷어 올린 옷소매에 스치던
비릿하고 고소한 냄새
무 납작납작 썰어 얼큰하게 끓인 생멸치국
골고루 나눠 담은 따스한 놋그릇들
여덟 남매를 둔 어머니는 올망졸망한 자식들이
서로 다툴세라 김도 자르지 않고 잔 생선들도
국그릇에 일일이 세어 담곤 했다.
그 작고 아담했던 어머니는
많은 것이 부족하고 지난하던 시절
어떻게 그 많은 자식을 낳아 기르셨을까.
하나도 힘들다며 징징대는 시대에
사무치게 고맙고 측은한 어머니
가던 길 멈춰 서서

헐벗은 벚나무 우듬지의 새 둥지를 올려다본다.
어디서 실컷 놀다 온 어릴 적 우리 여덟 남매처럼
까치들 가로세로 장난치다가 이 가지 저 가지 소란하게 날아드는데
저무는 해 바쁘다며 어서 가라 손짓하던
고향집 대문 앞 어머니 눈시울 같은
노을이 내리는데
그리움이 구만리 장천을 날아오른다.
고향집 고샅 밥 짓는 연기가
시래기 된장국 냄새가
몽글몽글 피어오르는
저물녘이었다.

## 월광 소나타

통영 미래사 편백나무 숲길을 오르면
미륵부처님 푸른 바다를 향해 인자하게 서 계시지
순하고 어여쁜 새끼 고양이들을 키우시지
우리는 월광 소나타를 들으며
육아에 지쳐 오수에 든 부처님 대신
귀여운 새끼 고양이들과 술래잡기하며
한참을 놀아주었다네
바람 난 어미 고양이가 느린 걸음으로
눈치 보며 슬그머니 나타날 때까지

## 시리게

냉장고 안 야채 박스에 희디흰 잔뿌리 밀어내며
초록의 싹을 틔우는 마늘쪽들 팬데믹 감옥에 갇혀
야위고 생목 오른 질곡의 지뢰밭을 건너가고 있었다

쏟아지는 잠 캄캄히 밀어내며 소리 없이 몸부림치며
그토록 숨이 차게 달려오고 있었다

허기지고 지쳐 시들면서도 저마다 작은 몸뚱이에
연둣빛 희망 하나씩을 비수처럼 시리게 키우고 있었다

# 숨

감정이 날뛰고 요동칠 때마다
요가 매트 펼치고 앉아 눈을 감는다
미간에 정신을 모아
날뛰는 들숨 날숨을 가만히 바라본다

거칠게 들고 나던 숨결이
흙탕물 가라앉듯 천천히 가라앉는다

거칠게 요동치던 감정도 순하고 가지런해진다

호흡과 함께 나를 지켜보고
나를 어루만지고 나를 달래다 보면

고목에 새순이 돋듯 시든 꽃 한 무더기
잠에서 깨어 싱그럽게 되살아난다

## 봄봄

상위마을 산수유 피면
꽃샘바람 속 노사리 매화가 피고
섬진마을 청매화도 덩달아 피어나는
거만한 얼레지 고개 들고 일어서면
얼음 속 얼음을 녹여
복수초도 샛노랗게 기침하며 나오는
화엄사 동백이 호탕하게 웃어대면
홍매화도 수줍게 얼굴 붉혀 뒤따라 피는
머위꽃 화엄 제비 히어리 피어나면
꿩의바람꽃 좇아 자줏빛 괴불주머니
개불알꽃도 뒤따라 피어나는

# 술친구

무더운 지난밤
생기 잃어 후줄근한 식물들과
시원한 흑맥주 한 잔씩 나누어 마셨는데
아침에 나와 보니 온 집안에 술내가 가득하다
가끔 함께 술도 좀 마시자고
사랑스레 재잘대며 식물들이 반긴다
기분이 너무 좋다며 눈부시게 웃는다
그래, 너희도 취하지 않고는 견딜 수 없는 날도 있겠지
동동주 몇 잔에 취해
날아갈 듯 날개가 돋아나던 내 생애 첫
음주의 순간을 나도 기억해

앞뒤로 활짝 문을 열어젖히고
식물들이 어질러 놓은 냄새와 수다
말끔히 쓸어내고
술국 대신 흠뻑 물을 뿌려주며 묻는다
우리 언제 또 술친구 할래?

# 문신

매화나무 한 그루를 등에 새긴 여자를 보았다.

무덥고 습한 늦여름 오후였다.

훤히 드러난 그녀의 등줄기에서
홍매화 몇 송이 수줍게 피고 있었다.

전생에 매화나무였나 봐.
낯선 그림자 하나가
불쑥 튀어나와 속삭인다.

너는 품 너른 귀룽나무야.
너무 익숙해서 낯설어진 그녀가
흰 꽃송이 주렴처럼 드리우고 다가선다.

동굴 같은 그 그늘이 너무 깊어서
찌는 듯한 더위조차 바람결에 흩어지던

눈 깜빡할 새 스쳐 가는 전생이여

## 명상에 들다

생각을 거미줄처럼 펼치고 선 그는
보이지 않는 깊숙한 내면조차 깊고
높고 넓고 꼿꼿해서 단정한 단풍나무

짙푸른 집념이 붉게 물들 때까지
모여진 온 우주와의 융합이
은밀한 그의 염료다

지나던 산들바람과 뭉게구름이 건네는 안부에
손을 들어 살랑 웃음 짓다가

다시금 명상에 들어
푸름 속 고요히 칩거 중인

## 원평리에서

춘천 영경이네 별장 2박 3일 주말여행은
언제나 그렇듯 웃고 떠들고 산책하며 지낸
무릉도원의 시간이었다

세월이 갈수록 씨줄과 날줄의 질긴 인연에
서로가 감탄하고 감사하고 칭찬하게 되는
사랑스러운 존재들

열여섯 살 적 꽃샘추위에 꽁꽁 얼어붙은 운동장에서
1학년 5반 동기로 처음 만나 반백 년을
함께 울고 웃고 공감하며 오순도순 둥글둥글
늙어 가는 친구들

그새 아홉의 동기 멀리 보내고 나니
점점 더 애틋하고 소중해진다
쪽빛 아침노을보다 더 고와 보이고
세상 어느 꽃보다도 이뻐 보인다

## 한 아름 웃음보따리가

추석 연휴 앞두고
그동안 애쓰셨다고
감사드린다고
즐겁고 행복한 한가위 되시라고
햇살 같은 한지 카드 넣어
손수 지은 선물꾸러미 넷
경비실에 두고 여행 떠났다가
닷새 만에 돌아왔더니
주름진 환한 미소가 어여쁜 꽃밭이다
한 아름 덕담들이
꽃씨를 터트리는 물봉선이다
생산자 판매자가 왕인
미소도 친절도 냉랭하고 차가운
블라디보스토크에서
으슬으슬 묻어온 성에조차
따뜻하게 녹여주는
한 아름 웃음보따리가
칸나꽃밭처럼 눈이 부시다

## 비 갠 아침

밤새워 작곡한 오선지 위에서 제비들 합창 중이다.

아주 청명하고 맑은 코러스!

# 에필로그
### ― 부활

개업한 피자집에서 덤으로 묻어온
선홍빛 붉은 선인장 화분 하나

볼품없이 허술한 인연 구석에 밀어둔 채
물 한 모금 주지 않고 잊고 지냈는데

놀라워라!

후미진 모서리마다 불현듯 환한 등불을 달고
폭발하듯 새끼 치는 다산의 선인장

천지사방 노예처럼 덤으로 팔려
부활을 꿈꾸는 뜨거운 시선에

잊은 지 오랜 캄캄한 불씨 하나
아침 해처럼 붉게 떠오르는 아침

제2부

## 한 사날

밤새 뒤척이다 길을 나섰어.

저벅저벅 안개 속으로 걸어 나갔지.

벌겋게 녹슨 생각의 수레를 끌고

한 사날 길 잃은 나룻배처럼 흘러가 보았어.

도무지 어찌할지

보채며 징징대던 캄캄한 생각들이

비 그친 하늘 무지개가 놓이듯

어느새 색색으로 가지런해졌지.

## 한강 둔치에서

비단옷 한 벌 잘 차려입은 강가에 서면 범람하는 욕망들
말갛게 비춰주던 참회의 거울 어느 골짝 바위틈에 버리고 왔을까.
흘러 흘러 강물은 어디로 가나. 투명한 심성 잃고 흐릿해져
자꾸만 돌아눕는 무심한 강물아. 고단한 전생을 차마 잊지 못해
번득이는 눈물 치렁한 세월아 어느 계곡 휘진 기슭 돌아 개이면
버들치 금강모치 거슬러 다시 만날까
흐려진 수심 깊숙한 자맥질마저 서러운 강물아
저마다 제 밑 구린 것 모두 네게 버리고 생수다 정수기다 줄 서는 하루
소문의 페놀을 걸러 불임의 절망을 걸러 오늘도 나는 너를 마신다.
펄펄 끓여 너를 마시고 안개가 될지 이슬이 될지 생각 중이다.

## 학암포에서

시커먼 타르 한 짐 무겁게 짊어지고
어린 게 한 마리 바위틈에서
벌벌 기어 나왔다

무심한 듯 겨울 하늘이 파랬다

바위마다 다닥다닥 문 닫아걸고
기나긴 동면에 든
굴 껍데기 속 안부가 차마 두려워

바닷물은 저만치 자꾸만 물러서는데

# 풍경 1

영안실 창밖 단풍나무 잎사귀들
우두커니 눈물 머금고 있다.

새벽에 길 떠난 영혼 하나
나뭇가지에 금세 앉았다 가는지

소리 소문도 없이 벌레 먹은 이파리가
몸을 구르며 내려앉는다

눈물 젖어 소슬한 가을 아침

울다 지친 울음을 딛고
분주히 오가는 발자국들

## 소금꽃

자린고비 그 여자 세상 떴다
신혼 소박에 아들 하나 겨우 얻어
자갈밭 가파른 생을 부대끼며 살았다
오뉴월 불개미로 고단하게 살았다
소싯적 짝사랑을 우연히 다시 만나
번갯불에 콩 볶듯 살림을 합쳤지만
꽃무릇 붉은 호시절에도
그 여자의 소금 독은 열리지 않았다
어느 하루 푸지게 먹지도 쓰지도 못하고
새로 맺은 피붙이 혼사도 이웃들 상사도
다음에 이다음에 중얼중얼 외면하던
짜디짠 왕거미였다
왕소금으로 쌓아 올린 그녀의 사상누각이
이리저리 떼먹히고 흐지부지 사라진 후
솟구치는 울화에 날 선 칼날만 들이던 날들
썰물 되어 집 나간 첫사랑 사내마저
새 여자 꽃방석으로 옮겨 앉은 후
얼마나 힘들고 아팠으면 글쎄

불꽃처럼 터트린 분노의 종양들

곰팡이 피듯 온몸에 피어났을까

아득바득 애태우던 질깃한 애증의 연모

불 꺼진 눈두덩에 우두커니 세워둔 채

너덜너덜 헤진 일수 장부

남겨두고 어찌 갔을까

느닷없는 첫 추위가

소슬바람 앞세워 들이닥친

입동 전전 날

가로수 우듬지에 얹힌

창백한 달아 소금꽃 진다

## 무서운 속도

왕거미가 거미줄 치고 숨죽여 기다릴 때
세상사 저마다의 실들을 뽑아
울긋불긋 거친 욕망의 그물을 치고
서로 노려보며 대치 중이다.
그것이 선이건 악이건
제동장치가 고장 난 고속열차에 실려
모두가 함께 멱살 잡혀 끌려가는
저 무서운 속도의 미래

# 내 생의 번지점프
― 뉴질랜드에서

벗어나고 싶었다.
발그레 상기된 아침노을 따라
멀리 더 멀리 도망치고 싶었다.
답답한 경계 안경 벗듯 놓아버리니
생의 모서리마다 자욱이 몰려든
시린 안색의 사금파리들
외진 상처의 벽장을 열고
혼비백산 우왕좌왕 흩어진다.
만년설 터번의 산맥들 물끄러미 고요하고
풍경 따라 엎질러진 시퍼런 강물 위로
바람들 푸릇푸릇 손뼉을 친다.
정수리의 피멍 진 샐비어여
시간을 엎지르는 서슬 퍼런 파도여
소름조차 깊고 푸른 서늘한 시간이여
어둑어둑 저무는 비린내 나는 전생에
날개옷 한 벌 곱게 지어 입혀
시리도록 맑은 남십자성
저 푸른 허공에 너를 던진다.

## 희 노 애 락의 주기

새해 들어 타워 앞 미디어 큐브 속
김환기 화백의 "우주"가 등장했다

서로서로 간섭하는 기포들의 시위가
무한 반복 재생 중이다

어둑한 방마다 울먹울먹 걸어 나온 슬픔들이
성난 파도 거친 해일이 되어 달려 나온다
태풍의 눈이 되어 휘몰아친다

먹구름 덮인 허공의 한 줄기 빛

희망으로 푸르게
환희의 불꽃으로 환하게
불 밝히다 시들시들 시들어 버린다

끝없이 흘러왔다 흘러가는
저, 희 노 애 락의 주기는

밀물과 썰물의 간섭인지
극복해야 할 숙제인지

숨겨진 공포의 바이러스에
긍정 부정 편견 증오 모조리
되감기 빨리 감기로 자동 복제 중인

고장 난 일상이 오르골 인형처럼
무한 반복으로 돌고 도는 산책길에서
우두커니 마주친 우주에 일시 정지한다

엄동의 시린 손가락이 연신
어지러운 세계의 배꼽을 클릭, 클릭한다

## 가끔

왜 그럴 때 있지
깊고 푸르게 열린 하늘 유성흔 흔적을 따라
마음 기대어 흘러가다 길을 잃어버린

헛디딘 발 물웅덩이 진흙탕에 빠져
우두커니 올려다보면 그저
말갛고 무정해서 더 깊고 시리던

# 달빛

섣달 보름달 떴다
엉킨 컴퓨터만 들여다보다 많이 늦어버린 산책길에서
가까이 다가와 말없이 움츠린 어깨를 어루만지는 달빛이
어머니 같기도 아버지 같기도 해서
포켓 주머니에 든 시린 맨손을 들어 안부 건네는

## 詩들詩들

오래 내쳐진 것들은 그새
희미하게 늙어버렸다

목련 꽃잎 떨어져 우두커니 시들 듯
동지 무렵 일몰보다 더 바쁘게
시들시들 시들었다

이 구석 저 구석에서
어긋나고 늘어진 주름살들이
자글자글 모여 졸고 있다

햇살 좋은 날 어쩌다 모처럼
낳아볼까 열어보다 화들짝 놀라
온몸에 소름 돋는다

신물이 소낙비 그친 흙탕물처럼 달려들어
서둘러 서랍을 닫는다

거뭇거뭇 검버섯 핀 허무의 그늘 이끼들

징징 보채다 튕겨져 나온 그림자들이
멱살을 잡아당기며 앞장선다

# 그 빗살무늬 나이테
— 블루마운틴에서



햇살 좋은 날 비눗방울 놀이 하듯
재미슨 밸리*의 유칼립투스들은
자디잔 기름방울을 내뿜는다는데
그 황홀한 푸른빛 아지랑이 보러 갔더니
푸른빛은 어디에도 보이지 않고
가랑비만 왼 종일 오락가락했다
안개구름 겹겹이 껴입은 화이트마운틴이
세 자매봉의 한 뼘 봉우리만 슬며시 보여주는데
협곡 깊숙이 키 큰 유칼립투스들 심술이 났었나 봐
망측하게도 윗도리 아랫도리 죄다 벗어젖힌
알몸으로 허옇게 축축하게 젖어 있었다
엄동의 추위나 굶주림 따위 알 바 없는
훤칠한 열대우림의 왕자들을
고개 젖혀 올려다보는데
보슬거리던 비 갑자기 굵어지더니
처마에 비 들이치듯 내 안으로 불쑥 들어선 것은
송홧가루 날리는 토종 소나무
위기일수록 셀 수 없이 많은 솔방울을 매달고

혹독한 시련 촘촘히 박음질한

그 선명하고 아름다운 빗살무늬 나이테였다


\* 재미슨 밸리(Jamieson Valley) : 호주의 블루마운틴에 있는 협곡.

# 일곱 살 적

황사 자욱한 새벽
저승 문 열어젖히고
이사 가신 할머니

꽃밭의 요정들도 모두 따라갔는지
그 후론 꽃 한 송이 피지 않았다

벌처럼 나비처럼 붕붕 대며 드나들던
일가붙이들도 가뭇없이 사라지고

적막한 마당에서 우두커니
땅따먹기하며 혼자 놀 때
이승과 저승의 경계마저
와글와글 지우며 쏟아지던
땡볕이여

무심코 벗어놓은 검정 고무신에
소스라치는 뜨거움이여

캄캄하게 되살아나
먹먹해지는 일곱 살 적
봄과 여름 사이

## 죽단화

햇살 더불어 노랗게 샛노랗게 뛰노는 마당에서
노란 꽃 한 줌 따서 사금파리 진수성찬을 차렸지
무슨 꽃인지 궁금해하던 내게 황매화라시던 아버지
최근에 찾아보니 죽단화였다

그날의 꽃밭 샛노란 그 꽃 무더기 앞에
우두커니 서 계시던 아버지

노란 원피스의 낯선 그 여자는
그해 여름 왜 아버지를 찾아왔을까

차마 묻지 못한 세월은 가고
아버지도 이제 안 계시는데

어쩌자고 노란 죽단화 그날인 듯 다시 피어
쓸쓸하고 적막한 아버지 뒷모습을 불러오는데

## 정읍, 그 환하고 흐벅진


잇몸 드러내 반기는 친구들이
사월 천변의 벚나무처럼 환했다
내장산 가을 단풍처럼 흐벅졌다

구시가지 소방서 앞 쌍화차 거리
도란도란 환한 웃음소리

세월 따라 곰삭은 이력이
한 상 가득 차려낸 밥상에
시들시들 시든 소태 같은 입맛도
샘솟듯 다시 고여 되살아나는 곳

흥 많고 정 많고 눈물도 많은 샘골 친구들
서로 부대끼며 신명 나게 살아가는
눈 시리도록 선연한 고향

바람결에 스치듯 밤마실 가듯
불현듯 꿈결에서 다녀온 새벽

# 마흔다섯 살 쌀통과의 이별

그동안 여러 번 내치려 했지만
시모님께 받은 오직 하나인 선물인지라
망설여져 오래도록 끌어안고 살았는데

너무 늙어 누름 판조차 고장 난 네가 노망이 들어
조그맣고 새까만 쌀벌레들을 키우겠다 고집이니
어쩔 수 없구나, 도리가 없구나
오늘은 미련 없이 널 버린다.

신혼의 어느 화창한 봄날
암사동 열여섯 평 아파트에
옥색 깨끼옷 곱게 차려입고 상경하신 시모님과
좁디좁은 이마에 머리숱 무성한
암사시장 만물 가게 아저씨가
물그림자 어른대듯 떠오르는데

잘 가거라

오랜 세월 불평 없이 묵묵히
무거운 나의 생을 함께 짊어지고
내 부엌 친구로 살아온 쌀통아

이젠 그만 편히 가거라
미련 없이 가거라
어서 가서 너를 녹여
어여쁘고 눈부시게
새 모습 새 얼굴로 환생하거라

## 정읍에서


오래전에 사라진 백제가
시누대숲을 서성이고 있었다

파헤쳐진 무덤과 무너진 석탑
지워지고 팬 윤곽의 석상들이
산산조각 난 사금파리들이
아득한 시간의 비탈에서
질곡의 서사를 복기하고 있었다

어긔야 어강됴리 아으 다롱디리*
한낮에도 애타는 낮달의 조바심에
장독대 햇살들 자글자글 소란한데

잊혀진 천길 우물 속에서
빗가락정읍**이 우우 흘러나왔다

천지사방 떠돌다 온 수척한 바람이
헤진 가랑잎 신발을 댓돌 위에 벗어두고

폐가 대청마루에 누워 곤히 잠든 오후


난작난작 결삭은 세월을 징거 매고
고향에 돌아온 백제를 보았다



\* "정읍사" 후렴구
\*\* 구전으로 내려온 백제의 노래를 신라가 연주로 남긴 악곡

# 진안을 지나다가
— 그 여자, 논개

들끓는 팥죽 솥을 머리에 이고
돌자갈에 채어 넘어진 여자
진주성 함락 후 자결한
절도사 남편 비탈에 묻고
촉석루 승전잔칫상에
숨어들었단다.
인사불성 취한 적장을 안고
시퍼런 남강에 몸 던졌단다.
어쩌다 기생으로 잘못 알려졌으나
그녀는 기생이 아니란다
세월의 모진 자갈들이 모래 되고 흙이 되도록
시절 따라 천지사방 흘러간 세월을
어쩌자고 뒤늦게 그녀의 혼백을 불러
청실홍실 엮어서 왜장의 첩실로 보내려 하는지
물색없는 화해 모드에
저녁노을도 수군수군
울화가 치밀어 붉어지는데
두 귀 쫑긋 듣고 있던
마이산 안색도 어둑해지는데

제3부

## 무지개


손끝 야문 울 엄니
한 생을 박음질한 색동조각보
어쩌자고 동천에 펼쳐졌을까.

# 용기

8차선 도로 건너 저 멀리
도저히 날아오를 수 없어

모두 떠나버렸는데
홀로 우두커니 망설이고만 있다

가을바람도 소슬한데
롯데몰 앞 사거리 건널목
먼지 자욱한 풀밭에 주저앉아 있다

머뭇거리고 있다

힘을 좀 내봐 민들레야

네가 단숨에 힘껏 날아오른다면
남산도 남한산성도 그냥
지척일 뿐이란다

## 울먹울먹

여린 속 모조리 들어냈으니
맨 처음 살갗에 닿았을 어미의 체취
기억이나 할 수 있을까
몇 해 전 뉴질랜드에서 가져온
열네 마리 새끼 알파카들이
손에 손을 잡고 엎딘 카펫에서는
비릿한 젖내가 났다
찔레 순처럼 연한 풋내도 난다
제 어미의 체온마저 시리도록 게워 내고
낯선 공기에 적응하느라
얼마나 아팠을까
얼마나 두렵고 무서웠을까
한없이 보드라운 털 카펫 위에
모로 누워 TV보다 불현듯,
어린것들 칭얼대는 소리
응애응애 젖 달라 보채는 소리
먼 나라로 보내진 입양아들
연어처럼 돌아와서 침침한 기억의

골목골목을 울먹울먹 떠도는
시린 저 맨발 자국들 따라가 보는

## 시대의 자화상

인내심이라곤 씨알도 없지
열일곱도 스물일곱도 아닌
서른일곱씩이나 먹은 에미가 어떻게 그래
지 남편 사고로 병실에 누웠다는데
네 살배기 어린 것을 방안에 홀로 재워둔 채
문 걸어 잠그고 나가 돌아오지 않았다니
엄마 찾는 아이 울음소리 귓가에 들리지 않았을까
어떻게, 어떻게, 밥 먹고 잠도 자고 그리 지냈을까
석 달이 지나도록 아기 혼자 그렇게 가둬두고
한 번도, 한 번도, 들여다보지 않았을까
가족이 가정이 모정이 뭔지 아무것도 모르는
인두겁 쓴 버러진가 짐승인가 괴물인가
내연의 사내랑 월세방에 잠들어 있다 붙들려왔다는
고년, 참! 부끄럼도 모르는 것이 낯바닥 보일세라
숨어서 저! 저! 말하는 본새 하고는
누군가 찾아와 지 새끼 데려갈 줄 알았다니!
책임감 죄책감이라곤 씨알도 없는 여자
개념도 양심도 헐값에 넘긴 바람난 미친 것들

많긴 많은가 봐! 어린 것들 팽개쳐 두고 뛰쳐나가
오래 소식 없는 것들 부지기수라 동네마다
늙고 병들고 기운 없는 가난한 노인들
버림받은 가엾은 손자 손녀 기르고 가르치느라
차마 죽지도 못해 굽은 등 더욱 굽는다는데
이젠 제발 가난 탓 돈 탓이라고
씨도 안 먹힐 변명 따윈 하지도 마라
3D 업종마다 일할 사람 구하지 못해 아우성이고
산속 절간엔 공양주 자리 비어 걱정이라더라
가엾은 네 살배기 빈집에 홀로 남아
허기와 공포와 외로움에 얼마나 무섭고 두려웠을까
좁디좁은 한 칸 방을 헤매다 헤매다가
더러운 벽지라도 그렇게 쥐어뜯어 먹었을 거야
말라버린 우물처럼 눈물도 울음도 허옇게 바래
분꽃처럼 채송화처럼 그렇게 시들어갔을 거야
어찌해야 그 가엾은 넋을 위로할 수 있을까
어찌해야 시궁창에 처박힌 더러운 죄 씻을 수 있을까
이 시대의 우리는 모두 죄인이다. 몹쓸 죄인이다

## 바리데기의 노래

망설이지 마, 무엇이든 짊어져 봐
오뉴월 땡볕에 시들시들 시들어도
나는야 바리데기 맏며느리
눈물 꽃 소금꽃 허옇게 피어나도
상처마다 켜켜이 환하게 불 밝히고
팽개치지 말아야지
꾀부리지 말고 일어나야지

힘이란 쓸수록 샘솟는 뜨거운 불꽃
언젠가는 무거운 짐 모두 제 자리에 부릴 날 올 것이니
힘들어도 참고 견디자

고사목에 기댄 능소화는 피고 지고 또 피어나는데
팽개친 짐 천천히 다시 쓸어 담고 일어서야지

평생 울지 않는 녹슨 쇠 종도
뒷방에 숨죽인 다듬잇돌 거추장도
모두가 나의 의무 바리데기 몫이니

짚어지고 그저 불끈 일어서야지
얼기설기 얽힌 인연의 실타래들
알록달록 가지런히 살갑게 엮어 데려가야지

죽을 만큼 힘들고 괴로워도
분수가 제 물줄기 눈부시게 끌어올리듯
단숨에 불끈 들어 올려야지

엉거주춤 울먹이지도 물러서지도 말고
힘차게 단번에 들어 올려야지

험상궂은 세월 위태로운 석탑들도
모조리 번쩍 들어 짚어지고 가야지

언젠가는 깃털처럼 가볍고 거뜬하리니
날마다 오뚜기처럼 일어서야지
죽으면 썩어질 육신

"아껴서 뭐에 쓰겠느냐"는
어머님 말씀에 경배!

## 회오리바람 속에서


골바람이 더 무섭고 거칠다더니
롯데타워 앞을 지나는데
세간의 바람이란 바람 모두 몰려 와 휘몰아쳤지.

눌러쓴 허름한 내 비니조차 벗기려 덤비는
난폭한 바람에 휘둘리다 알았어.

거대해서, 눈이 부셔서, 닿을 수가 없어서
저토록 우왕좌왕 회오리친다는 것을

명망의 모자 드높고 눈부실수록 마구
벗기려 덤비는 저 거대한 쓰나미들

겸손하게 납작 엎드려야만 어지러운 세월
휩쓸리지 않고 무탈하게 건널 수 있다는 것을

## 환하고 고요하게

발인 날 아침 고인이 좋아하던 함박눈이
그녀의 성품처럼 고요하게 하얗게 내렸다

그녀 가족들도
우애 깊은 그녀의 자매들도
혈육 못지않은 정 깊은 친구들도
슬프지만 환하게 그녀를 추억하며
감곡의 화장터를 거쳐 도덕암으로 갔다

자디잔 노란 감국이 아직 지지 않고
고개 숙여 우리를 맞았다

사십구 제 이후
그녀는 훌훌 어디로 가나

바람이 차다

바들바들 떨고 있는 헐벗은 나뭇가지들이

적막하고 쓸쓸하다

그녀 떠난 정읍은 무주공산
또 하나의 고향이 사라져 버렸다

## 강변의 흑백사진

폭우로 강물이 불어
경사로가 반쯤 잠긴 길 끝
흙탕물 넘실대는 개망초 덤불 아래
한 사내가 주저앉아 울고 있다
빈 소주병도 둘 쓰러져 함께 운다
나지막이 강가로 내려온 먹구름도
제 설움에 겨워 캄캄하게 울고 있다
벗겨진 해진 구두 한 짝 천둥소리에
놀라 미끄러져 강물로 뛰어든다
잠시 코를 박고 엎드려 울다
제 몸 뒤집어 물살에 휘말리는
떠내려가는 사내의 구두 한 짝

물끄러미
눈시울 붉은 사내의 시선이
허름한 제 생의 쪽배에 실려
흘러가는 저물 무렵

# 풍경 2

헐벗은 겨울나무 아래
두툼하게 옷을 껴입은 여자가
고개를 한껏 젖히고 올려다본다.

사선으로 그어진 성흔에 하늘이 금세 새파래진다.

까치 한 마리 까악 까악
이 가지 저 가지 옮겨 앉으며 운다.

## 울음보 내력

밀물에 떠밀리듯
낯선 세상에 동댕이쳐진
나 태어난 그날은
스물아홉 어머니 생일이었다

산고에 지친 어머니 잠이 들고
섬뜩하게 와 닿는 기분 나쁜 공기에
진저리 치며 나는 아마 울었을 거야

그 후로도 줄곧 얼마나
울음보가 길었으면 글쎄
못생긴 울보 계집아이
돌림자 이름 "정희" 대신
쌀 한 자루 건네고 받았다는
새 이름표로 바꿔 달았다

그래서였을까

세 살인가 그 무렵부터
좀체 울지 않는
조용하고 무던한 아이로 자랐다

비명조차 내지르지 못하고
아들 둘을 낳았다

눈물샘이 아예 말랐다고 했다

달이 뜨는 밤마다
마른 삭정이로 돌아눕는 그늘마다
잊혀진 옛 이름을 부르곤 했다

그 이름 흥건한 눈물샘으로
스며들고 싶었다

# 낮달

흐려진 기억 사라져 버릴세라
즐겨 읊던 한시 몇 수
잡기장에 촘촘히 옮겨 적는
여든아홉 아버지와

욱신욱신 쑤시는 당신의 초록 텃밭
저물도록 손 놓지 못해 애가 타는
여든여덟 어머니의

말벗이 되러 가는

더운밥 한 끼 지어드리러 가는

여덟 남매 차례로 주말이면
고향집 찾아가는
당번 날

마중 나온 하얀 낮달이

흐뭇하게 찍어준

출석부 도장

## 잊혀진 우물

온 마을 먹여 살리던
누구라도 두레박을 던지면
화들짝 반기며 헤프게 내주던
퍼내고 퍼내도 마르지 않던
화수분 그 우물
이조 말 소금 창고 헐어낸 자리
스며든 소금기 전설로 녹아
수시로 창궐하던 돌림병을 쓸어내고
허기와 목마름 반목과 질시
억울하고 야속한 속내도 뽀드득 씻겨주던
해마다 정월 대보름이면 사물놀이패
한마당 신명 나게 돌게 하던
인적 끊긴 밤잠 못 드는 달 불러 별도 불러
고요히 잠재우던 후덕한 소금정
그 물로 자란 천둥벌거숭이들
농부 되고 박사 되고 운전사 되고
의사도 선생도 날품팔이도 되고
장사꾼 깡패 전과자도 되어 있는 세월 따라

거친 주름살 일렁이며 웃고 울던 마을 아낙들
구수한 사투리도 들리지 않고
낯선 얼굴 두엇 힐끗 비껴가는 고샅길에서
그렁그렁 먼 하늘을 보면
낮달 여전히 거기 있는데
새들은 떼 지어 날아가는데
아무도 찾지 않는 잊혀진 우물
온갖 허섭스레기 쓸어안고 잠든,
소리쳐 부르면 상처 입은 늙은 짐승처럼
신음소리 우―우 휘돌아 나오는
음산한 동굴 같은 폐허 같은
그 우물

## 산책길에서

어쩌다 두 모녀의 대화를 들으며 걷는다
부부싸움을 하고 속이 상해 딸 집으로
가출을 시도한 친정엄마가
딸과 함께 호숫가를 걷고 있었다
투정을 부리듯 주절주절 하소연하는 엄마를
따스하게 위로하고 너그럽게 어루만지며
아빠의 입장도 슬그머니 변명해 주는 딸이
대견하고 왠지 더 이뻐 보였다
딸 가진 친구들이 온갖 사소한 것까지
서로 알콩달콩 모녀가 소통하며 지내는 것을 보며
아들만 둘인 나는 그저 부럽기만 했다
손녀도 없이 과묵한 손자만 셋을 둔 나는
재잘재잘 애살이 넘치는 손녀들과의
절로 미소가 번지는 일상조차 부러웠는데
참, 인간이란 존재가 그렇지 뭐
가지지 못한 것에 대한 선망과 집착이
감정을 소비하고 시간을 허비하지
지금 내가 가진 이 모든 것들이

얼마나 소중하고 값진 것인지 까맣게 잊은 채
채워지지 않은 것에 대한 집착과 욕심으로
삶을 그늘지게 하고 감정을 소용돌이치게 하지

씩씩하게 두 모녀를 앞질러 나아간다

우리 아이들을 위한
아픈 지인을 위한
이 나라의 안녕과 평화를 위한
화살기도를 바치며 빠르게 걸어간다

## 사라진 어머니

화장실 변기통에 어린 소녀가 낳아놓은
저 핏덩이 참혹하게 버려져 흔적 없이
사라지거나 혹은 어딘가로 멀리 보내져
어디서 왔는지도 모른 채 살아가겠지
이천 년 전 그날 동정 마리아는
터무니없는 시련을 어찌 견디셨을까
애간장 태우던 고통 시름 번뇌
예수 아기 환한 미소에
아이스크림 녹듯 달콤하게 녹아내렸을까
아무렇지도 않게 제 핏덩이를 음지에
버리고 온 비정한 철부지들과
어린 자식 팽개친 건조한 돌싱들 술에 취해
환락의 바벨탑을 기어오르는 밤
피도 눈물도 없는 문명의 하루살이들에게
모성이란 그저 허기진 배꼽 우물
어둑어둑 저문 그림자 유적일 뿐
도시의 밤을 밝히는 십자가들이
눈시울 붉히며 속삭인다.

어미의 십자가 기꺼이 짊어질
어머니가 사라져 버렸다고
모성의 날개들 퇴화해 버렸다고

## 불성사에서


모란이 문득 제 앞에 져내려도
성불한 개는 짖지 않는다

핏발선 울부짖음에 익숙한
사람들 떼로 몰려와
쓰다듬고 어르며 놀다
산모퉁이 돌아 사라져 가고

목덜미 부스스 세워
속세를 털어내고
인연을 털어내는
오후 3시

졸음에 겨운 햇살이
치렁하게 녹음이 우거진
우물가에서 손을 씻는다

지워도 지워도

쉬이 때가 타는
미혹을 씻는다

## 겨울밤

무릎 푹푹 빠트리며
눈사람 되어 찾아간 순덕이네

울도 대문도 없는 외딴 초가집
바르르 떨리던 문풍지 소리

유난히도 달고 뜨거운 물고구마 한 소쿠리가
살얼음 낀 쨍한 동치미 한 사발이
색 바랜 놋쇠 수저와 함께 놓인
칠 벗겨져 얼룩덜룩한 소반

까마득히 잊혀진 기억 속
함박눈은 하얗게 쏟아져 내리고

단발머리 셋이 둘러앉아
까르르 까르르 웃고 있는

# 不在

떠나신 후에야 알았어요
당신 그늘이 얼마나 넓고 평온했는지
마당에 뛰어놀던 햇살이 얼마나 환하고 따스했는지
꽃밭의 꽃들은 또 얼마나 어여쁘게 다투듯 피어났는지
단감나무 환한 등불을 주렁주렁 밝혀두고
얼마나 오래 서성이며 우리를 기다렸는지
문득문득 서늘한 당신의 빈자리
마음 둘 곳 사라져 버린
적막강산을

# 심란한 근심

가위가 또, 사라졌어
귀신이 곡 하겠네!

예전에도 내 혼수 가위 사라진 적 있지
밤새워 찾아도 행방이 묘연해 시무룩 잊었는데
서너 해도 더 지난 어느 무더운 여름밤
벌겋게 녹슨 그것이 글쎄! 돌아온 탕자처럼
반짇고리 안 색색의 실패 위에 잠들어 있었어

빛이 들지 않은 골목 안 깊숙한 집
한시바삐 팔아 치우고 떠나고 싶어
빛나던 내 혼수 가위 몰래 훔쳐다 부적인 양
제 집 부뚜막에 걸어두었다던 그 이웃 여자
유괴당한 가위의 붉은 눈물이
눈부시게 빛나던 그녀 주변의 햇살을 거두어갔을까
그 후론 내내 꽃 한 송이 피우지 못해
시들시들 변두리만 떠돈다는데

가위 찾아 서성이는 심란한 근심이
수런수런 먹구름을 부르는 저녁

# 달그림자

차마 뽑지 못한 녹슨 대못 하나
드디어 뽑아냈다

철철 피 흘리던 휑한 자국이
휘영청 푸른 달이 되어
걸어가는 밤

박하사탕 녹아들 듯
화안해져서

괜찮다

바람 불고
가랑잎 다 져도
아프지 않다

# 눈 내리는 밤

해 질 녘 석양 유난히도 곱더니
어둠이 눈을 데리고 찾아왔다

온 세상이 새하얀 이불을 덮고
잠자리에 든 듯 고요하다

동호 벚나무 아래 새끼 고양이들은
저 눈발 속에서 괜찮은지

누군가 가져다 놓은 새집 새 담요
물과 먹이가 담긴 깨끗한 그릇들 보면
염렵하게 돌보는 이가 있는 것 같은데

안개처럼 자욱이 늦도록 눈은 내리고
걱정 근심 오지랖 내려놓으려
요가 매트를 펼치는 밤

# 제4부

## 복숭아를 먹다가

한입 가득 베어 문 무릉도원에
까마득히 잊은 그녀 생각이 난다.
유난히 뽀얀 얼굴에 공부 잘하는
가난한 면서기 집 모범생 맏딸
양귀비처럼 이뻐지겠다며 벌레 먹은 복숭아를
크게 한 입 잘도 베어 물더니
그날의 햇살 눈부신 복숭아밭
꿈틀대던 허연 그 복숭아벌레가
푸르던 그녀의 열망마저 후벼파 시들게 하고
허공의 바람이 되어 떠돌게 했을까

달콤새콤한 과즙을 입안 가득 머금고
달달한 무릉도원을 건너다가 문득
우두커니 멈춰 돌아보는 순간

그녀의
불안이
외로움이

슬픔이

시고 떫고 쓰디쓴 한 그루

시든 복숭아나무였다

## 장마 일기

언제부턴지 흐린 날이 싫어졌다
오락가락 회색 구름 앞세워 들고나던
우울이 지하방 습기처럼 스며들 때면
먹구름 뚫고 올라 일광욕을 즐겨야지!
꿈꾸며 뒤척이며 애벌레를 키웠다
시절이 하 수상한 나라가 창공에도 머무는지
온갖 형상의 거대한 구름들 제각기
존재의 영역싸움에 시퍼렇게 칼날을 갈고
우르릉 쾅쾅 기선제압 협박용으로
숨겨둔 대포 숨겨둔 따발총 마구 쏘아대며
황야의 도적 떼처럼 겁을 주는데
물대포 쏟아붓는다, 미친 장마의 나날
고수부지 도로 표지판이 보이지 않아
눈 흘기며 쯧쯧 혀를 차며 지냈다
언저리부터 시무룩 어두워지는 저 구름들
헤치고 나아가 맞이할 찬란한 햇살들
제 발등 제가 찧는다는 그 말도 기억할까
버럭버럭 성난 장마의 채찍을 묵묵히 견뎌냈다

언제까지 제 성질대로 퍼부을 수 있을지
조만간 바닥을 보게 될 거야
무력감에 코 빠트리고 있을 때가 아니야
습한 우울에게 날개옷을 입히려면
먹구름을 뚫고 올라 일광욕을 즐겨야지!
생각 좀 해 봐! 씩씩하게

## 자작나무수도원

인대리 자작나무골짜기 갔더니
묵언수행 중인 흰옷 입은 수도사들이
몇은 휘둥그레 놀란 외눈으로
몇몇은 갈매기 눈썹으로 훤칠하고 고요하다

더불어 모여 살아도 외롭고 소슬한 것이야
인간 세상이건 식물 나라건 별반 다르지 않을 것 같아
자작나무 수사님도 우리처럼 가시엉겅퀴에 갇혀본 적 있으신지
분노하고 미워하며 잠 못 이룬 적도 있으신지 여쭸더니

말없이 서늘하게 열린 시선이 허공을 쓸고 있다
부드럽고 예민하고 섬세한 빗자루로
시린 세속의 눈동자에 고인 먹구름들을
시리도록 환하게 쓸어내고 있다

흩어진 구름 비늘들이 전령처럼
홀씨가 되어 산 아랫마을로 가고

울긋불긋 덧난 근심과 상처들을
걸음걸음 떨치며 걷는 가을 오후

오래 터 잡고 살던
어수선한 번뇌며 어렵던 숙제들도
가지런히 환하게 정리가 되고
단순하고 짧게 요약되어 풀어버리는
가을 자작나무숲 속에서

순백의 키 큰 수도사 묵언 기도를
고개 젖혀 훔쳐보다 문득, 알아버렸다
가을 하늘이 왜 구름 한 점 없이
저토록 푸르고 고요한지를

## 유월, 그 예언의 천둥 번개는

더위가 일찍도 찾아오더라니
열대야 현상에 잠 설치고 일어난 아침
아파트 단지가 설설 끓었다
불에 덴 듯 소란했다
에미들 에그머니나 놀라 동이 난 쌀이며
라면을 찾아 동동거릴 때 수영도
에어로빅도 노래교실도 작파하고 품절된
통조림과 Gas를 찾아 정신없을 때
아이들은 주차장에서 피융 피융 신나게
서바이벌 게임을 즐겼다 오후엔
한동안 중단되었던 민방위 사이렌이
서둘러 눈 부비며 달려 나오고 고층 건물 위로
군용 헬기들이 굉음을 몰고 지나갔다
전쟁이 터지면 총 들고 나서겠다며 아비들은
삼삼오오 모여 앉아 늦도록 한숨 섞인 술잔을 기울였다
무료하고 심심한 이방인에겐 재미도 있을 거야
이왕 만들어 놓은 무기 팔아 치부도 하고 싶겠지
오래 전 우리가 불꽃놀이 구경하듯 걸프만 하늘

화사하게 수놓던 패트리어트 요격 미사일을
느긋하게 즐기며 지켜보았듯 그렇게
여유롭게 CNN 뉴스 기다리겠지
지도를 펼치면 한 점 소혹성 같은
너무도 작아서 슬픈 나라, 찢어져 서로 헐뜯는
우애라곤 씨알도 없는 서러운 나라
그 나라를 둘러싸고 손뼉 치며 싸움 부추기는
이방인, 그대들은 누구인가
부글부글 끓는 울화에 더위마저 기승을 떨던 늦은 오후
어디선가 갑자기 잠자리 잠자리 떼 새까맣게
허공을 메우며 가로세로 날아올랐다
어리석은 인간들을 비웃듯 용용 죽겠지 약 올리며
강변 쪽으로 순식간에 사라져 버린 말잠자리 떼
그들이 남기고 간 구겨진 하늘을
복도 끝에 오래 서서 지켜보았지만
벌 떼처럼 소란했던 예언의
천둥 번개는 치지 않았다

## 달달하고 고소한

절절 끓는 윗방에서
어머니 모처럼 숙모들과 둘러앉아
도란도란 민화투 치던 밤
댓돌엔 싸락싸락 싸락눈이 쌓이고
청단 홍단 비약 초약
소란하고 흥겨운 군용 담요 옆에서
동갑내기 사촌 정숙이랑
자울자울 졸다 깨다 이제나저제나
화투판이 끝나기만을 기다렸는데
태영이네 점방 달달하고 고소한
젤리랑 오꼬시랑 센베이 과자
고대하고 있었는데
……………………………………
수런수런 비질 소리
바람벽을 타고 온 시래깃국 냄새에
화들짝 눈을 뜨니
시린 빛 환하게 창호 문 두드리던
문고리 쩍쩍 달라붙던

여섯 살 적 겨울 아침
두 다리 뻗대며 나는 울었지
내 과자! 내 과자! 소리치며 울었지

# 나의 유서

　나 죽거든 선산에 무덤일랑 짓지 마라
　봉분 위 잡초 어지러이 솟아 적막한 미련 남기고 싶지 않다
　계곡 물소리 재잘대는 산비탈 어디 어리지도 늙지도 않은
　산벚나무 아래 한 줌 가루로 나를 놓아다오
　더러는 민들레 꽃씨처럼 멀리 날아가도 좋으리
　산 넘고 물 건너 풀 섶 이슬이나 잎 핀 나뭇가지에 앉아
　작은 새들의 먹이 되어도 좋아 더러는 산벚나무 아래
　자분자분 빗소리로 스미었다가 환하게 꽃 피었으면 해
　지는 꽃잎이 되어 저녁 으스름 속 환하게 스며들고 싶어
　세속의 삶을 벅차게 눈부시고 찬란하게 했던 아들들아
　일상을 시시하게 여겨 소중한 것들을 놓치지 마라
　그날그날에 충실하고 하루하루 싱싱하고 뿌듯하게 기록
하라
　울지 말고, 고개도 숙이지 말고 숨차게 욕심껏
　앞만 보며 내닫지 말고 주변을 살피며 천천히 걸어가라
　햇살 눈부시게 너희가 행복한 날도
　비바람 눈보라에 너희가 아프고 쓸쓸한 날에도
　바람 소리 새 소리 꽃 지는 소리 빗소리 개울물 소리로

너희와 함께 기뻐하고 슬퍼하리니 사랑하는 아들들아
언제나 아침 해처럼 불끈 환하게 솟아올라
따뜻하고 향기로운 사람이 되거라

# 귀머거리 집
— 프라도 미술관


귀머거리 집으로 갔다

휴지처럼 구겨진 고야가
벽을 향해 우두커니
앉아 있었다

피골이 상접한 노파가
더듬더듬 바람벽을 걸어 나오고
해골 시녀와 저승사자가
뿌옇게 흐려진 거울을 들고
성난 빗자루 들고
달려 나왔다

제 자식을 먹어 치운 사투르노의
절망과 분노와 공포가 커다란 손으로
내 멱살을 잡아끌었다

오래 숨죽여 살던

핏줄 속 갇힌 짐승들이 울부짖는지
번개가 내려치고
빠개질 듯 머리가 아파

다시는, 다시는 찾아오지 않을 거야

엉겁결에 쏟아진 재채기처럼
멀리 더 멀리 도망치고 싶었다

그날 밤 꿈에
다섯 아기를 잃은 여자가 와서
부은 제 발등을 보여주며 울었다

## 귀뚜라미 집


간지럼 타는 웃음소리
폭죽처럼 연신 피어나던 집

파산과 반목이 지축을 흔들더니
범람하는 해일에 휩쓸리더니

그 집 부부 가뭇없이
어디론가 사라지고

제비 새끼마냥 먹어도
먹어도 허기진 어린 오누이

거동조차 겨운
할미의 지하 셋방에서
음지식물 되어 글썽글썽 자라는
우두커니 커가는

소통 없이 암울한 돌봄 없이 비정한

휘영청 달 밝은 팔월 열나흘 밤

감감소식 없는 짓무른 그리움만
밤새도록 쓰을 쓰을 쓰르르
눈시울 부벼대는

## 그 여자, 김점선

겉치레 벗어두고
호탕하게 살다가 갔다

자유분방한 그녀
아기를 낳고 행여라도
아이에게 나쁜 영향을 줄까
긴장하고 조심하고 걱정하며 지냈다

욕심 없는 그녀는 키 큰 자유인
몸속 종양마저 암벽화로
종유석으로 맞이한 예술노동자

따뜻하고 씩씩하고 천진한
그녀의 그림들이
세상의 고정관념을 걷어내는
부적으로 남았다

## 고요한 해탈
― 쿠트나호라 해골 성당에서

전쟁도 흑사병도
미움도 사랑도
바람결에 흩어지고
잘 삭은 세월의 뼈만 남았다

해골은 해골끼리
정강이뼈는 정강이뼈끼리
가지런히 서럽게 이마를 맞대고
무릎을 맞대고

수려한 문장으로
샹젤리제로
서로가
서로의 그늘에 기댄
서늘한 공동체

고통도 슬픔도 욕망조차도
오래도록 삭히니
저토록 눈부시고 고요한 것을

# 고백
― 성서에게


빛이었어, 눈부신

처음 그댈 만났을 때
쪽빛 아침 같았어

타다만 검불 같던 나
서늘한 들숨에 날개가 솟고
뜨거운 날숨에 새순이 돋았어

으슬으슬 춥고 어둑한 날도
하루살이 날것처럼 날뛰던 번뇌도
인내와 지혜와 사랑의 서사
그 행간에 들면
창호 문에 햇살이 비치듯
두물머리 물안개가 걷히듯 했어

환란과 시련의 수레바퀴
소금꽃 허옇게 핀 지문마다

이천 년을 돌아 나온 서늘한 메아리는

눈부신 나의 햇살

나의 나침반이었어

## 수목한계선

혜산 양강도 삼지연 가문비 자작나무가
갑산 무산 도로변
석잠풀, 미역취, 산당귀, 전호
들쭉나무, 개시호, 두메잔대, 물싸리
드문드문 잎갈나무가
구름송이풀 바위구절초
둥근바위솔 호범꼬리가
돌꽃 비로용담
난쟁이 패랭이가
백두산 장군봉
두메양귀비
바위구절초 좀참꽃이
백두산 천지의
만병초, 큰오이풀, 가지돌꽃
하늘매발톱, 노란 만병초도
구름국화 사스래나무들도
갓 피어난 애기금매화도
오손도손 모여 사는 곳

## 지난밤 꿈에

돌아가신 친정아버지가 오셔서
한 움큼 볼펜을 사 주셨다
딸을 바라보는 눈빛이
어쩐지 슬퍼 보였다

오래도록 문 닫아건 채
베짱이처럼 유유자적 놀고 있는
한심한 막내딸에게
교보문고 매장에서 볼펜을 건네던
아버지 마음을 헤아려보다가

새벽에 잠에서 깨어
게으름을 떨치고
책상 앞에 앉는다

## 작센 스위스에서

구불구불 한 시절도
이쯤에서 돌아보니 눈이 부시다
안개 목도리 휘휘 두르고
메아리로 닿고 싶은
저 늠름한 바위 성자들!

## 우수리스크에서


이상설 선생 유허비
불꽃무늬에

가을볕 문득 뜨거워지던

수이푼강물은 그냥저냥 무심하고
키 작은 억새들 호호백발 혼만 남아
끄덕끄덕 졸고 있던

잡풀 우거진 그늘
이름 잊은 구절초 몇
소스라쳐 내다보던

## 저물녘

담장 위
넝쿨 장미 지는
잡초 우북한 텃밭

벌겋게 녹슨 수레 하나
버려져 있다

평생을 구부려 일만 하다
호미가 되어버린 어머니

식욕도
애증도
올곧던 의지도
시들시들 시들어

서슬 퍼런 가시
순하게 주저앉힌
뼈마디 다 닳아버린

생의 일몰이
저릿저릿 서러워

뻐꾸기도 뻐꾹뻐꾹
숨어 울어주는 저물녘

## 무릉원에서

무릉리 대추나무집
한 칸 황토방에 군불 지펴
절절 끓는 한밤중
E 시인 감미로운 기타 연주와
S 시인의 서러운 노랫소리
앞마당 늙은 대추나무도 잉잉 따라서 울던
새벽으로 가기엔 멀고 먼 불면의 밤
무에 그리 바쁘다고
수탉은 저리 목청껏 울어대는지
문 틈새로 흘러든 섣달 열이틀
덜 여문 달빛에 코가 시리다

장진숙의 시세계

# 어느새 구름 한 점 없이
# 푸르도록 고요한 하늘만이 남아

임지훈

(문학평론가)

  모든 추위는 언젠가 끝나기 마련이다. 끝나지 않을 것 같은 혹한이라 할지라도, 가만히 귀를 기울이면 얼음이 녹는 소리가 들려온다. 새로운 초록이 고개를 드는 소리가 대지에서 피어오른다. 찬바람 사이로 그리운 따스함이 조심스레 찾아든다. 그렇게 봄은 시작되고, 머지않아 뜨거운 열기가 대지를 감싸고 온 세상은 푸른 무성함으로 가득 차오른다. 지극히 자연스러운 섭리이지만, 매해 새롭게 피어나는 초록을 목도할 때면 그 자연스러움에 매번 감탄을 터뜨리고 싶어진다. 이 모든 것이 자연의 섭리라는 사실 그 자체가 감탄스러운 것이다.

그러나 우리는 이 생생한 감동을 매 순간 누리지는 못한다. 그 감동은 항상 우리를 감싸고 있는 것이지만, 항상 우리를 감싸고 있다는 사실로 인해 우리를 그 놀라움과 멀어지게 만들기 때문이다. 항상 자연의 섭리가 우리를 감싸고 있다는 것은 그만큼 우리가 자연의 소중함과 놀라움을 잊기 쉽다는 것과 같은 말이다. 그렇기에 우리는 항상 그 놀라운 섭리 속에서 살아가면서도 인간의 삶에 취해 마음 기댈 곳을 잃어버린 채 세계 속을 부유한다. 섭리가 그 놀라운 기적을 가득 품에 안고 우리를 바라보고 있음에도, 우리는 그것을 미처 감각하지 못한 채 무수한 상처에 시달리며 살아가는 것이다. 장진숙의 시가 지향하는 바가 있다면, 그것은 바로 이 다정한 섭리를 향해 다시금 눈을 뜨라는 전언이 아닐까 싶다.

하지만 자연에 대해 노래하는 시들이 무수히 많음에도 불구하고 장진숙의 시적 세계가 기묘한 특수성을 가지고 있는 것은 왜일까. 오늘 우리 앞에 날아든 이 한 권의 시집 속에서 우리가 느끼는 묘한 감각이란 과연 어디에서부터 기인하는 것일까. 읽는 이에 따라, 그리고 작품에 따라 다소간의 차이는 있겠으나, 그러한 사실을 확인하기 위해서는 장진숙의 시적 세계가 여타의 자연을 노래하는 시들과 달리 자연에 대한 찬탄과 감동만으로 구성된 것은 아니라는 사실에서부터 출발해야 할 듯싶다.

사실 장진숙의 시적 세계는 자연에 대한 관찰과 그로부터 길어 올려지는 인간사에 대한 깨달음만큼이나 모진 세상살이의 역경에 대한 이야기가 함께 자리하고 있다. 자연에 대한 묘사를 인간사에 대한 알레고리로 생각한다면, 그 비율은 오히려 반대라고 생각할 수도 있을 것이다. 이를 조금 다른 방식으로 표현해 보자면, 장진숙의 시적 세계에는 다정한 자연의 섭리가 매 순간 깃들어 있지만, 그에 못지않게 인간사의 역경들 또한 함께 고개를 드밀고 있다고 할 수 있다. 더불어 시의 구조를 살펴볼 때, 여타의 인간사를 자연과 대비시키는 시편들이 문제의 해결책을 손쉽게 자연으로 미루는 것과 달리, 장진숙의 시편에서는 인간사의 모진 역경과 그로부터 촉발되는 설움이 자연이 자아내는 미감으로 봉합되는 것이 아니라 오히려 그 설움은 고유한 서정적 슬픔으로 확장시키는 것을 발견할 수 있다. 이는 장진숙의 시적 세계가 자아내는 서정의 미감이라는 것이 단순한 찬탄과 감동으로만 구성된 것이 아니라 인간이 살아가며 느낄 수밖에 없는 존재론적 설움으로 얼룩져 있기에 독특한 입체감과 풍성함을 견인하고 있다는 의미이다.

　　자린고비 그 여자 세상 떴다
　　신혼 소박에 아들 하나 겨우 얻어
　　자갈밭 가파른 생을 부대끼며 살았다
　　오뉴월 불개미로 고단하게 살았다

소싯적 짝사랑을 우연히 다시 만나
번갯불에 콩 볶듯 살림을 합쳤지만
꽃무릇 붉은 호시절에도
그 여자의 소금 독은 열리지 않았다
어느 하루 푸지게 먹지도 쓰지도 못하고
새로 맺은 피붙이 혼사도 이웃들 상사도
다음에 이다음에 중얼중얼 외면하던
짜디짠 왕거미였다
왕소금으로 쌓아 올린 그녀의 사상누각이
이리저리 떼먹히고 흐지부지 사라진 후
솟구치는 울화에 날 선 칼날만 들이던 날들
썰물 되어 집 나간 첫사랑 사내마저
새 여자 꽃방석으로 옮겨 앉은 후
얼마나 힘들고 아팠으면 글쎄
불꽃처럼 터트린 분노의 종양들
곰팡이 피듯 온몸에 피어났을까
아득바득 애태우던 질깃한 애증의 연모
불 꺼진 눈두덩에 우두커니 세워둔 채
너덜너덜 헤진 일수 장부
남겨두고 어찌 갔을까
느닷없는 첫 추위가
소슬바람 앞세워 들이닥친

입동 전전 날
가로수 우듬지에 얹힌
창백한 달아 소금꽃 진다

—「소금꽃」전문

  한 여자의 모진 생애를 자연의 사물들로 그려낸 위의 시에서, 이야기의 중심에 놓인 "그 여자"의 생애는 자연물에 대한 비유를 통해 고유한 미감을 자아낸다. 그것은 모든 인간이 느끼는 존재론적 고독과 교집합을 이루는 것이면서, 동시에 그것만으로는 설명할 수 없는 "그 여자"만의 특수한 설움이기도 하다. 화자는 이러한 "그 여자"의 설움을 시인 특유의 비유를 통해 풀어내며 고유한 서정성을 자아내고 있다. 이를 좀 더 서사적인 측면에서 살펴본다면 다음과 같을 것이다. 가난을 끼니 삼아 살아가던 시절을 지나자, 홀로된 외로운 순간이 찾아오고, 이윽고 그녀에게는 병마에 시달리다 생이 시들어 가는 순간이 찾아온다. 역경을 지나도 환희의 순간이 찾아오지 않고, 되려 더 큰 역경이 찾아오는 것만 같은 "그 여자"의 생애는 부조리함 그 자체인 것처럼 느껴진다. 그럼에도 불구하고 시인은 이 부조리한 한 사람의 일생을 고스란히 그려내며, 그 삶에 깃든 아이러니를 자연 속 사물에 빗대어 가며 거듭 써 내려간다.

  자연물에 기대어 성급한 깨달음이나 마음의 평화를 제시하는 것이 아니라, 그러한 삶의 역경을 끝까지 밀고 나감으로써 시는 이 보편적이면서도 특수한 인간의 생애에 기묘한 리얼리티를 부여한다. 그리고 동시에 그 과정을 시인 특유의 자연물에 대한 비유법을 통해 그려내면서 "그 여자"라는 한정을 넘어 인간의 삶에 대한 보편적이고 상징적인 존재론적 통증의 영역에까지 확장시킨다. 오직 "소슬바람"과 "소금꽃" 한 송이가 위로할 따름인 외롭고 모진 삶이지만, 그것이 장진숙 특유의 시적 감각으로 자연의 풍경과 어우러져 서술됨으로써 보편적인 인간이라면 누구나 느낄 존재론적 고독의 심층으로까지 그 감각이 펼쳐져 나가는 것이며, "그 여자"로 지칭된 한 인간의 삶의 내력은 모든 인간이 제각각 감내하며 살아가는 인간의 보편사로 확장될 가능성을 획득하는 것이다.

이처럼 장진숙의 시적 세계는 한 인간의 생애를 그려내면서 그것을 성급한 자연에의 귀의나 깨달음을 통해 봉합시키는 것이 아니라, 오히려 그 극단까지 밀고 나감으로써 독특한 리얼리티를 부여함과 동시에 특수한 삶의 양태가 보편적인 영역에까지 확장될 수 있는 가능성을 획득한다. 이는 자신의 출생의 서사를 다루고 있는 「울음보 내력」이나 낯선 사내의 설움에 겨운 몸짓을 그리고 있는 「강변의 흑백사진」 등 다양한 시편들에서도 관찰되는 것인데, 이러한 시편들에서 시인은 성급한 봉합 대신 그 설움을 끝까지 밀고 나감으로써 독특한 서정미를 창출해 내고 있다. 그리고 이를 자연과 인간의 관점에서 되새김질하자면 한 가지 특수한 사실이 발견되는데, 이는 장진숙의 시적 세계에 놓인 자연이, 보다 정확하게는 그의 시적 세계의 배면에서 늘 생동하고 있는 자연의 섭리가 때로는 인간의 세계와는 무관한 듯 혹은 무정한 듯 존재하고 있다는 사실이다.

  보다 정확하게 말하자면 장진숙의 시집에서 자연의 사물들은 한 인간의 생애를 위로하는 것처럼 느껴지기도 하고, 그러한 인간의 생애가 더욱 서러운 것으로 느껴지게 만들기도 한다. 「풍경」 연작에 새겨진 자연의 이미지들은 이처럼 인간의 생애와 때로 조응하기도 하고 때로는 무정한 듯 고요한 평행선을 그리기도 하면서 독특한 심미적 풍경을 자아낸다. 앞선 질문에 호응하여 대답을 해보자면, 장진숙의 세계가 그려내는 '자연'이란 단지 인간 편의에 맞춰 존재하는 것이 아니라 그 자체의 섭리를 통해 유동하는 것이면서, 그러한 유동 속에서 때로 인간과 조우하며 어우러져 귀중한 한 폭의 풍경을 자아내기도 하는 것이다. 무릇 자연을 노래하고 찬탄하는 시가 저지르는 인간 편의적인 실수로부터 한 걸음 더 나아가, 인간의 생과 자연의 섭리가 마주하는 풍경을 특유의 리얼리티와 서정을 통해 그려내는 것이다.

    전쟁도 흑사병도
    미움도 사랑도

바람결에 흩어지고

잘 삭은 세월의 뼈만 남았다

해골은 해골끼리

정강이뼈는 정강이뼈끼리

가지런히 서럽게 이마를 맞대고

무릎을 맞대고

수려한 문장으로

샹젤리제로

서로가

서로의 그늘에 기댄

서늘한 공동체

고통도 슬픔도 욕망조차도

오래도록 삭히니

저토록 눈부시고 고요한 것을
　　―「고요한 해탈 ― 쿠트나호라 해골 성당에서」전문

　그렇기에 이 시집에서 인간과 자연의 관계는 어느 한쪽을 중심으로 재편되어 있는 것이 아니라, 인간의 관점과 자연의 관점을 오가며 서로가 서로를 비추듯 전개된다. 「문신」에서

와 같이 인간의 속에 녹아 있는 자연의 모습이 시적 알레고리를 통해 조망되는가 하면, 「봄봄」에서와 같이 자연의 풍경 속에 녹아든 인간의 모습이 한 폭의 수채화처럼 그려지기도 하는 것이다. 이처럼 장진숙의 시 세계는 인간사와 자연사가 서로를 비추며 그 안에 숨겨진 내력을 자아내며 독특한 미감을 창출해 낸다.

그 속에서 시인은 귀중한 깨달음을 견인하기도 하는데, 이를 잘 보여주는 시편 가운데 하나가 바로 위에 인용한 작품이다. 이 시에서 화자는 인간을 사로잡는 모든 번민과 고뇌, 보다 직접적으로는 "고통", "슬픔", "욕망" 따위와 같은 지극히 인간적인 감정들이 시간의 유구한 흐름 속에서 결코 영원불멸할 수는 없다는 사실이다. 시간의 자연스런 흐름 속에서는 다른 사물이 그러하듯 인간의 감정 또한 마모되고 삭아져 다른 무언가로 변해갈 수밖에 없는 것이다. 자연의 모든 사물이 죽음 이후 또 다른 생명의 토대가 되는 것처럼, 이 경우에는 인간의 감정이 다른 감정을 위한 밑거름이 된다. 즉, 무형의 대상인 인간의 감정 또한 자연의 모든 사물이 그러하듯 순환의 굴레 속에 놓여 있으며, 시간의 흐름에 따라 "저토록 눈부시고 고요한" 것으로 화할 수 있다는 것이다. 인간의 감정을 이처럼 시간의 흐름에 따른 자연의 섭리 속에 녹여내는 것은 앞서 제시된 특수한 리얼리티와 서정성이 견인해 낸 시인의 고유한 감각이라 할 수 있을 것이다. 이러한 깨달음은 「자작나무수도원」이라 이름 붙여진 다음의 시에서도 잘 녹아들어 있다.

    인대리 자작나무골짜기 갔더니
    묵언수행 중인 흰옷 입은 수도사들이
    몇은 휘둥그레 놀란 외눈으로
    몇몇은 갈매기 눈썹으로 훤칠하고 고요하다

    더불어 모여 살아도 외롭고 소슬한 것이야
    인간 세상이건 식물 나라건 별반 다르지 않을 것 같아
    자작나무 수사님도 우리처럼 가시엉겅퀴에 갇혀본 적 있으신지
    분노하고 미워하며 잠 못 이룬 적도 있으신지 여쭸더니

    말없이 서늘하게 열린 시선이 허공을 쓸고 있다
    부드럽고 예민하고 섬세한 빗자루로
    시린 세속의 눈동자에 고인 먹구름들을
    시리도록 환하게 쓸어내고 있다

    흩어진 구름 비늘들이 전령처럼
    홀씨가 되어 산 아랫마을로 가고
    울긋불긋 덧난 근심과 상처들을
    걸음걸음 떨치며 걷는 가을 오후

오래 터 잡고 살던

어수선한 번뇌며 어렵던 숙제들도

가지런히 환하게 정리가 되고

단순하고 짧게 요약되어 풀려버리는

가을 자작나무숲 속에서


순백의 키 큰 수도사 묵언 기도를

고개 젖혀 훔쳐보다 문득, 알아버렸다

가을 하늘이 왜 구름 한 점 없이

저토록 푸르고 고요한지를

　　　　　　　　　　―「자작나무수도원」 전문


　하얗게 화한 "자작나무"들의 모습을 "묵언수행 중인 흰옷 입은 수도사들"에 빗대어 표현하고 있는 위의 시에서 화자는 수도사를 향해 같이 묻는다. "더불어 모여 살아도 외롭고 소슬한 것이야/ 인간 세상이건 식물 나라건 별반 다르지 않을 것 같아". 하지만 자작나무들은 화자의 물음에 별다른 응답 없이 자신의 자리를 묵묵히 지키고 있을 뿐이고, 화자는 그러한 풍경을 오래도록 바라본다. 그 오랜 바라봄의 과정은 한편으로 한 인간이 홀로된 존재로서 살아가는 과정이자 존재론적 질문에 대한 묵상이라 할 수 있을 것이다. 그렇기에 화자는 오랜 삶 속에서 다시금 자작나무 숲을 바라보며 "문득"이라 수놓아진 깨달음의 순간을 맞이한다. 자신을 오래도록 쥐고 있던 "분노하고 미워하며 잠 못 이룬" 감정의 손아귀조차 영원한 것은 아니며, 그 또한 유구한 시간의 흐름 속에서 삶을 살아가다 보면 자연스레 풀어질 수 있다는 사실을 말이다. 그리하여 화자는 그 깨달음을 "가을 하늘이 왜 구름 한 점 없이/ 저토록 푸르고 고요한지를"이라 말하며 인간의 감정들 또한 자연이 그러하듯 때에 따라 유동하는 것이라 말한다.

하지만 이 시에서 더욱 중요한 것이 있다면, 그것은 앞서 제시한 바와 같이 언어화되어 구체화된 '깨달음'의 내용은 아닐 것이다. 화자가 진정 제시하고자 하는 바가 있다면 그것은 4연과 5연의 대비와 행간을 통해 펼쳐지는 감각, "오래 터 잡고 살던/ 어수선한 번뇌며 어렵던 숙제들도/ 가지런히 환하게 정리가 되고/ 단순하고 짧게 요약되어 풀어버리는" 순간이 있다는 바로 그 사실일 것이다. 바로 그 순간에서야 인간은 자신을 사로잡고 있던 감정의 굴레가 어느 순간 환하게 정리가 되어 있음을 깨닫는 것이며, 그제서야 자신이 자연의 수많은 사물 가운데 하나임을, 그리하여 자신 또한 자연의 한 일부임을 깨달아 가는 것이다. 이를 앞선 시편에서 길어 올린 감각에 기대어 바라본다면, 자신을 오래도록 옭아매고 있던 번뇌와 연민의 감정들조차 시간의 흐름에 따른 자연의 섭리 속에서 다른 형상으로 변해가는 것이 지극한 순리인 것이다.

갈참나무숲에서
푸르스름한 여명이
빗자루를 들고 온다

암흑을 이겨낸 가쁜 숨결로
발그레 물감 푼 꼭두서니 불러
잎사귀 상처 환하게 씻어 준다
가시덩굴 번민도 살갑게 빗어준다

시고 떫은 연두와 초록 노릇노릇 영글라고
덜 여문 낱알들 달게 익으라고
그분이 데려온 눈 부신 햇살이
마당을 쓸고 있다

─「아침」 전문

  서두에 제시했던 바와 같이, 인간은 늘 자연과 어우러져 살아간다. 자연은 그 고요한 섭리로 인간의 주변을 항상 감싸 안고서 자신의 속도로 유동하고 약동하며 때에 따라 피고 지기를 반복한다. 하지만 인간은 그 일상성으로 인해 자연이 늘 자신의 주변을 감싸고 있음을, 그리하여 인간 또한 자연의 일부임을 잊은 채 살아가며, 스스로의 속도에 취해 자신에게 주어진 것이 무엇인가를 잊은 채 살아간다. 하지만 그 굴레로부터 벗어나는 순간 인간은 이미 자신의 손에 무수히 많은 감탄과 감동이 쥐어져 있음을 깨닫는다. 위의 시에서 화자는 그것을 「아침」에 비유하며 새로운 시작의 순간에 빗대어 말한다. 푸르스름한 여명이 어둠을 말갛게 씻겨내고, 밤새 잠들어 있던 식물들의 숨결이 다시 시작될 때, 장진숙의 시적 화자 또한 어둠 속에서 깨어나 아침을 준비하는 자연을 바라보며 새삼스럽게 자신 또한 자연의 일부임을 감각한다. 이 새삼스러움이야말로 인간이 오랜 세월 잊고 지낸 소중한 보물이자, 늘상 찾고 있는 마음의 위안이 아닐까.

　이처럼 장진숙의 시적 세계는 자연과 인간이 어우러진 세계의 상을 그려낸다. 하지만 그 세계란 무릇 자연을 찬탄하는 많은 시인들과 같이 인간의 편의에 따라 그려진 세계와 차별화되어 있다. 자연은 때로 인간과 어우러져 다정한 듯 그려지기도 하지만, 때로는 인간과 무관한 듯 무정한 모습으로 그려지기도 한다. 이 시집에서 인간의 생애와 자연의 섭리는 그렇게 서로를 교차하듯 스쳐 지나기도 하고, 때로는 다시 새삼스러운 조우를 반복하며 독특한 서정의 세계를 그려내고 있다. 성급한 자연에의 귀의나 봉합을 택하는 대신 존재가 지닌 설움을 극단까지 끌고 나감으로써 독특한 서정과 미감을 창출해내기도 하며, 그 과정을 통해 인간의 감정조차 시간의 흐름과 자연의 순환 속에 놓인 하나의 사물임을 서정의 방식을 통해 감각할 수 있도록 만든다. 그러한 과정 속에서 개인이 지닌 아집과 번뇌는 자연스레 흩어지고 그 자리에는 구름 한 점 없이 푸르도록 고요한 하늘의 모습이 남겨진다. 어느 한쪽이 일방적으로 다른 한쪽을 지탱하는 것이 아니라 상호 교류하며 반복되는 이 시적 세계 속에서, 우리는 감탄과 설움 양자를 동시에 감각하며 독특한 아름다움을 맛본다. 독특하면서도 보편성을 향해 나아가는 시적 세계에 찬사를 보내며, 그 여정이 또 다른 시적 깨달음을 향해 매듭지어지는 순간을 한 명의 독자로서 기대해 본다.

| 장진숙 |

전북 정읍 출생. 1991년『현대시』로 등단했으며, 시집으로『겨울 삽화』『아름다운 경계』, 디카시 전자 시집『외로움, 길가에 앉아』, 4남매 시집『고향의 강』과『장호상 家 사화집』이 있다.

이메일 : jjs5301@daum.net

현대시 기획선 99
**그림자 유적**
초판 인쇄 · 2024년 5월 31일
초판 발행 · 2024년 6월 5일
지은이 · 장진숙
펴낸이 · 이선희
펴낸곳 · 한국문연
서울 서대문구 증가로29길 12-27, 101호
출판등록 1988년 3월 3일 제3-188호
편집실 | 서울 서대문구 증가로31길 39, 202호
대표전화 302-2717 | 팩스 · 6442-6053
디지털 현대시 www.koreapoem.co.kr
이메일 koreapoem@hanmail.net

ⓒ 장진숙 2024
ISBN 978-89-6104-354-0 03810

값 12,000원

\* 잘못된 책은 바꾸어 드립니다.